мактаб - maktab	2
саёҳат - sayohat	5
нақлиёт - transport	8
шаҳр - shahar	10
ландшафт - manzara	14
тарабхона - restoran	17
супермаркет - supermarket	20
нўшокиҳои - ichimliklar	22
таъом - taom	23
ферма - chorvachilik xo'jaligi	27
хона - uy	31
мехмонхона - mehmonxona	33
ошхона - oshxona	35
ҳамом - vannaxona	38
ҳуҷраи кўдакона - bolalar xonasi	42
либос - kiyim	44
идора - idora	49
иқтисодиёт - iqtisod	51
касбҳо - kasblar	53
асбобҳо - asboblar	56
асбобҳои мусиқӣ - musiqa asboblari	57
боғи ҳайвонот - hayvonot bog'i	59
варзиш - sport o'yinlari	62
фаъолият - mashg'ulot	63
оила - oila	67
бадан - tana	68
бемористон - shifoxona	72
ҳолати фавқулодда - tez yordam	76
замин - yer	77
вақт - soat	79
ҳафта - xafta	80
сол - yil	81
баст - shakllar	83
рангҳо - ranglar	84
мухолифат - qarama-qarshi ma'noli so'zlar	85
ададҳо - raqamlar	88
забонҳо - tillar	90
ки / чиро / тавр - kim / nima / qanday	91
дар куҷо - qayerda	92

Impressum
Verlag: BABADADA GmbH, Nedderfeld 112 , 22529 Hamburg
Geschäftsführer / Verlagsleitung: Harald Hof
Druck: Books on Demand GmbH, In de Tarpen 42, 22848 Norderstedt

Imprint
Publisher: BABADADA GmbH, Nedderfeld 112 , 22529 Hamburg, Germany
Managing Director / Publishing direction: Harald Hof
Print: Books on Demand GmbH, In de Tarpen 42, 22848 Norderstedt, Germany

мактаб
maktab

- тақсим кардан / bo'lmoq
- тахтаи синф / doska
- синф / sinf
- саҳни мактаб / maktab hovlisi
- муаллим / o'qituvchi
- коғаз / qog'oz
- навиштан / yozmoq
- ручка / ruchka
- мизи хатнависӣ / ish stoli
- ҷадвал / lineyka
- китоб / kitob
- талаба / o'quvchi

чузвдон
osma sumka

қаламдон
qalamdon

қалам
qalam

қаламтезкунак
qalam uchlagich

хаткуркунак
o'chirgich

блокноти расмкашӣ
rasm albomi

расм
chizmachilik

мӯқалами рассомӣ
bo'yoq cho'tka

қуттии рангҳо
bo'yoqdon

қайчӣ
qaychi

ширеш
yelim

дафтари машқ
mashg'ulot daftari

вазифаи хонагӣ
uy ishi

рақам
raqam

ҷамъ кардан
qo'shmoq

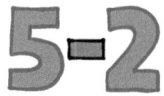

кам кардан
ayirmoq

зарб задан
ko'paytirmoq

ҳисоб кардан
sanamoq

ҳарф
xat

алфавит
alifbo

калима
so'z boyligi

мактаб - maktab

матн
matn

хондан
o'qimoq

бӯр
bo'r

дарс
dars

журнали синфӣ
jurnal

имтиҳон
imtihon

шаҳодатнома
guvohnoma

либоси мактабӣ
maktab formasi

таҳсил/маориф
ta'lim

энсиклопедия
qomus

донишгоҳ
oliygoh

микроскоп (more frequently used)
mikroskop

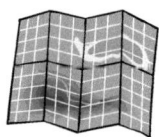
харита
xarita

сабади партофҳои коғазӣ
urna

саёҳат
sayohat

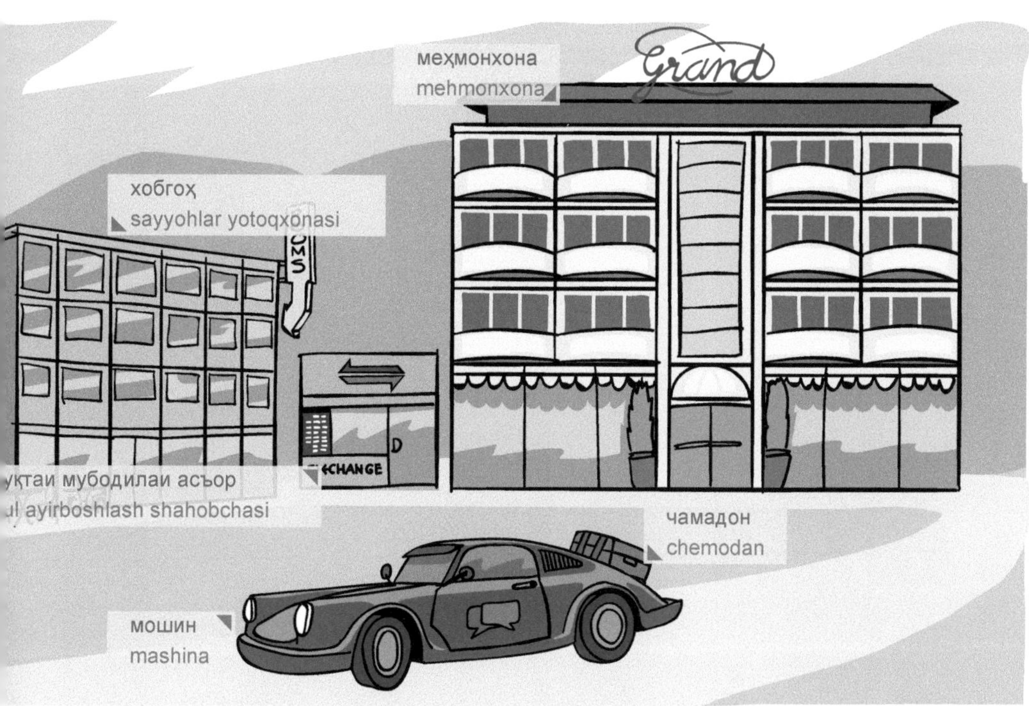

меҳмонхона
mehmonxona

хобгоҳ
sayyohlar yotoqxonasi

уктаи мубодилаи асъор
al ayirboshlash shahobchasi

чамадон
chemodan

мошин
mashina

забон
til

ҳа / не
ha / yo'q

Хуб
Xo'p

Ассалому алейкум
salom

тарҷумон
tarjimon

Раҳмат
Raxmat

саёҳат - sayohat

чӣ қадар аст ...?	Ман намефаҳмам	проблема
necha pul...?	Tushunmadim	muammo

шаб ба хайр!	субҳ ба хайр	шаби хуш
Xayrli kech!	Xayrli tong!	Xayrli tun!

хайр	равона	бағоҷ
koʻrishguncha	yoʻnalish	yoʻlovchi yuki

ҷузвдон	борхалта	меҳмон
safarxalta	yuk xalta	mehmon

хона	хобхалта	хайма
xona	uyquqor	palatka

саёҳат - sayohat

маълумоти сайёҳӣ

yohlarga ma'lumot berish stoli

соҳил

plyaj

корти кредитӣ

omonat karta

наҳорӣ

nonushta

хӯроки пешин

nonushta

хӯроки шом

kechki ovqat

чипта

chipta

лифт

lift

марка

marka

сарҳад

chegara

Гумрук

bojxona

сафорат

elchixona

раводид

viza

шиносномa

pasport

саёҳат - sayohat

нақлиёт
transport

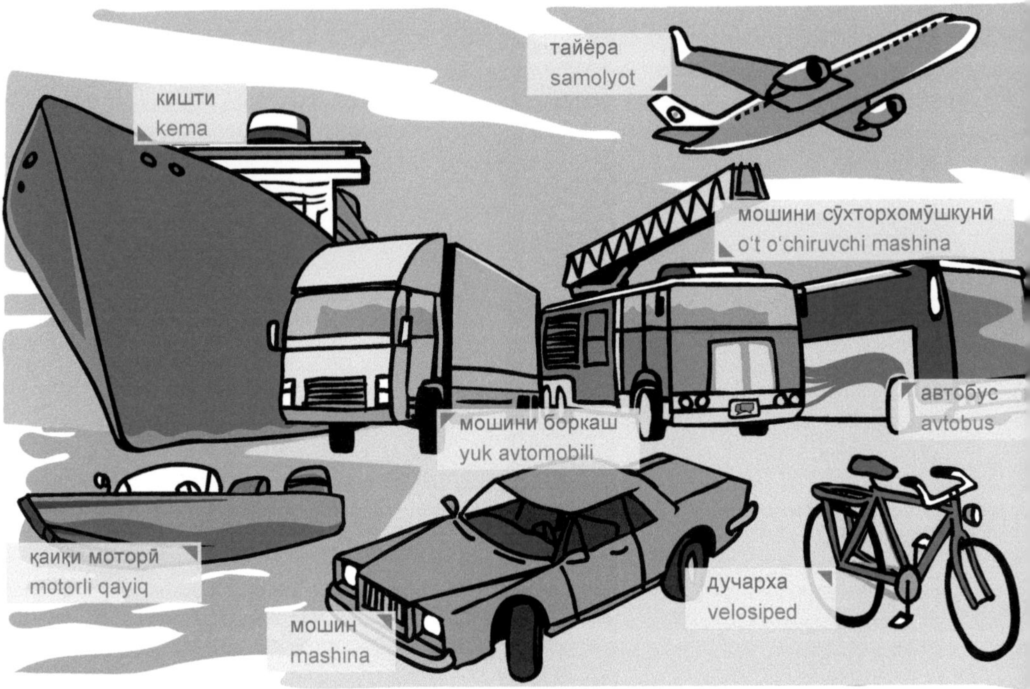

тайёра / samolyot

кишти / kema

мошини сӯхторхомӯшкунӣ / o't o'chiruvchi mashina

автобус / avtobus

мошини боркаш / yuk avtomobili

қаиқи моторӣ / motorli qayiq

мошин / mashina

дучарха / velosiped

паром
solsimon yassi kema

қаиқ
qayiq

мотосикл
mototsikl

мошини полис
posbon mashinasi

мошини тезрави пойгаи
poyga mashinasi

кирояи мошинҳо
kiraga olingan avtoulov

нақлиёт - transport

амроҳ истифодабарии мошин

avtoijara

эвакуатор

shatakka oluvchi yuk avtomobili

павтовҷамъкунӣ

axlat mashinasi

муҳаррик

motor

сӯзишворӣ

yoqilg'i

нуқтаи фурӯши сӯзишворӣ

yoqilg'i quyish shahobchasi

аломати роҳ

yo'l belgisi

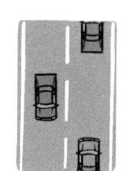

ҳаракат

yo'l harakati

бандшавии ҳаракати роҳ

tirband

ҷои исти мошинҳо

omobil to'xtab turish joyi

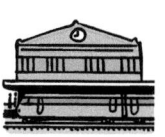

истгоҳи роҳи оҳан

poyezd bekati

роҳи оҳан

rels

қатора

poyezd

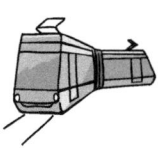

тамвай

tramvay

вагон

vagon

нақлиёт - transport

чархбол
vertolyot

фурудгоҳ
aeroport

манора
minora

мусофир
yo'lovchi

контейнер
konteyner

қутии картонӣ
qog'oz quti

ароба
aravacha

сабад
savat

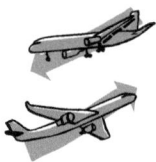
гирифтан / замин
uchmoq / qo'nmoq

шаҳр
shahar

деҳа
qishloq

маркази шаҳр
shahar markazi

хона
uy

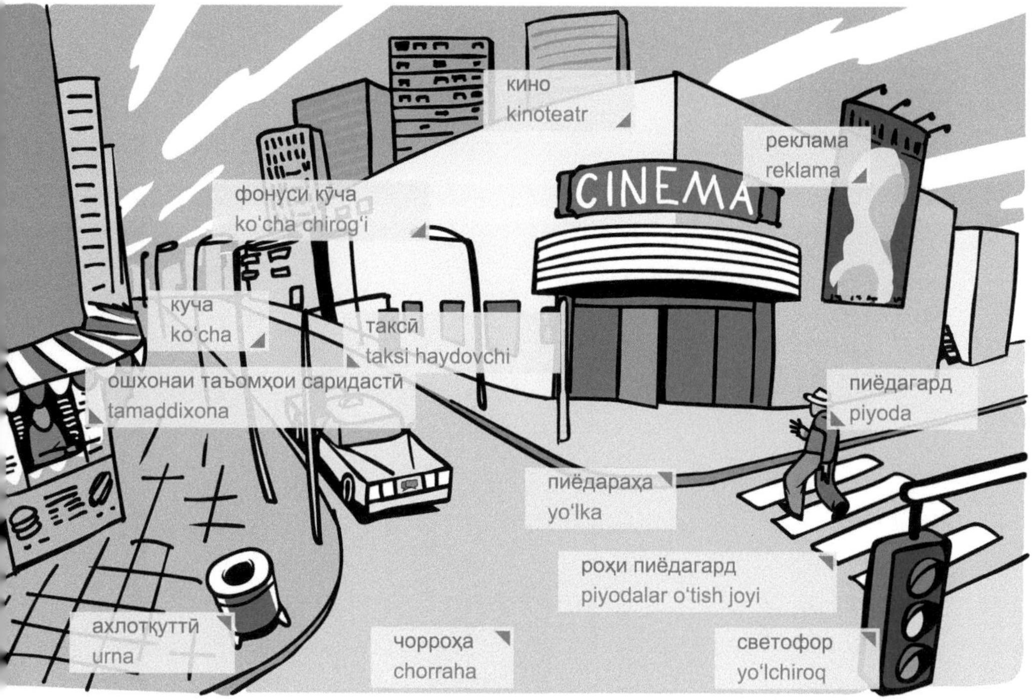

кино
kinoteatr

реклама
reklama

фонуси кӯча
ko'cha chirog'i

кӯча
ko'cha

такси
taksi haydovchi

ошхонаи таъомҳои саридастӣ
tamaddixona

пиёдагард
piyoda

пиёдараҳа
yo'lka

роҳи пиёдагард
piyodalar o'tish joyi

светофор
yo'lchiroq

ахлоткуттӣ
urna

чорроҳа
chorraha

кулба
kulba

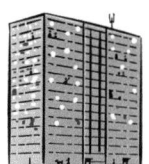

ҳамвор
kvartira

истгоҳи роҳи оҳан
poyezd bekati

бинои маъмурияти шаҳр
mahalliy hokimiyat binosi

осорхона
muzey

мактаб
maktab

шаҳр - shahar

донишгоҳ oliygoh	бонк bank	бемористон shifoxona

меҳмонхона mehmonxona	доухона dorixona	идора idora

сехи китоб kitob doʻkoni	сехи doʻkon	мағозаи гулфурўшӣ gul doʻkoni

супермаркет supermarket	бозор bozor	универмаг univermag

мағозаи моҳифурўшӣ baliq doʻkoni	маркази савдо savdo markazi	бандар bandargoh

парк
istirohat bog'i

бонк
bank

пул
ko'prik

зинапоя
zinapoya

метро
metro

нақби
yer osti yo'li

истгоҳи автобус
avtobus bekati

бар
bar

тарабхона
restoran

қуттии почта
pochta qutisi

аломати номи кӯчаҳо
ko'cha yozuv osma taxtasi

ҳисобкунаки исти мошинҳо
to'xtab turish vaqtini hisoblagach

боғи ҳайвонот
hayvonot bog'i

ҳавзи шиноварӣ
basseyn

масҷид
masjid

шаҳр - shahar

ферма
chorvachilik xo'jaligi

ифлоскунӣ
atrof-muhit ifloslanishi

қабристон
qabriston

калисо
ibodatxona

майдончаи бозӣ
bolalar o'yingohi

маъбад
ehrom

ландшафт
manzara

- барг / yaproq
- аломати роҳнамо / yo'lko'rsatgich
- роҳ / yo'l
- санг / tosh
- алафзор / o'tloq
- дарахт / daraxt
- сайёҳ / sayyoh
- дарё / daryo
- алаф / maysa
- гул / gul

ландшафт - manzara

водӣ
vodiy

кӯҳ
qir

кул
ko'l

беша
o'rmon

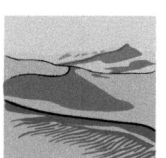
биёбон
cho'l

вулкан
vulkan

қалъа
qal'a

рангинкамон
kamalak

занбӯруғ
qo'ziqorin

дарати нахл
palma daraxti

хомӯшак
pashsha

паридан
chivin

мӯрча
chumoli

занбӯр
asalari

тортанак
o'rgimchak

ландшафт - manzara

гамбӯсак
qo'ng'iz

қурбоққа
qurbaqa

санҷоб
olmaxon

хорпушт
tipratikon

харгӯш
quyon

бум
ukki

парранда
qush

мурғи ку
oqqush

хуки ваҳшй
erkak cho'chqa

оху
bug'u

гавазн
butoq shohli kiyik

сарбанд
to'g'on

турбина шамол
shamol generatori

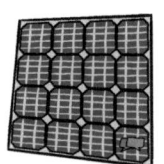

панел офтобй
quyosh batareyasi

иқлим
iqlim

ландшафт - manzara

тарабхона
restoran

пешхизмат
ofitsiant

меню
taomnoma

курсӣ
stul

Pizza
pitstsa

шӯрбо
sho'rva

асбобу анҷоми хӯрокхӯрӣ
oshxona anjomlari

дастархон
dasturxon

стартер/корандоз
gazak

хӯроки асосӣ
asosiy taom

десерт
desert

нӯшокиҳои
ichimliklar

таъом
taom

шиша
butilka

тарабхона - restoran   17

Хӯроки Тез Таёр мешуда
tez pishar taom

хӯроки кӯчагӣ
ko'cha taomi

чойник
choynak

шакардон
shakardon

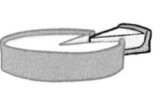
қисм/порча
portsiya

мошини espresso
espresso kofe mashinasi

курсии кӯдакона
bolalar kursichasi

ҳисоб
hisob

зарфмонак
lagan

корд
pichoq

чангол
sanchqi

қошуқ
qoshiq

қошуқча
choy qoshiq

сачоқи қоғазӣ
qo'l sochiq

истакон
stakan

тарабхона - restoran

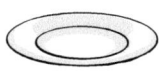

табақча
likop

косача
sho'rva kosa

тақсимча
taqsimcha

соус
qayla

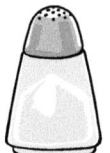

намакдон
tuzdon

мурчдон
qalampir yanchgich

сирко
sirka

равғани растанӣ
yog'

приправа
ziravorlar

кетчуп
ketchup

хардал
xantal

майонез
mayonez

тарабхона - restoran

супермаркет

supermarket

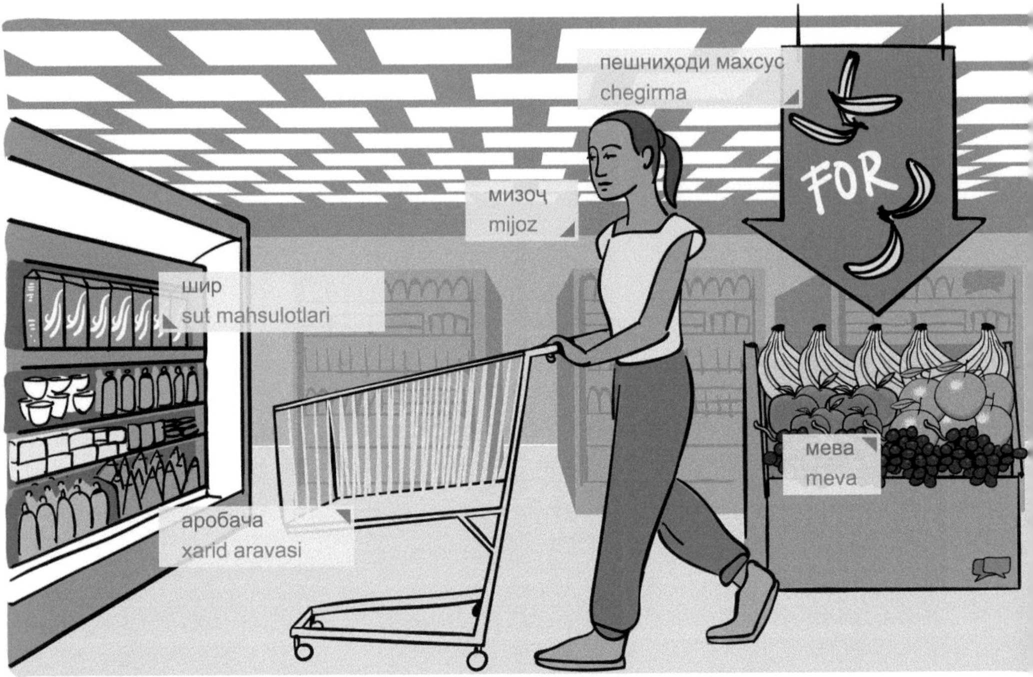

пешниҳоди махсус
chegirma
FOR
мизоҷ
mijoz
шир
sut mahsulotlari
мева
meva
аробача
xarid aravasi

BUTCHERS

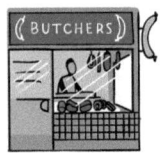

дукони гӯштфурӯшӣ

qassobxona

BAKERY

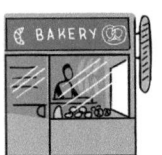

дукони нонфурӯшӣ

nonvoyxona

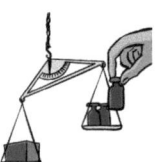

баркашидан

tarozida o'lchamoq

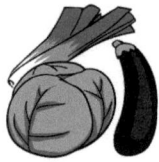

сабзавот

sabzavot

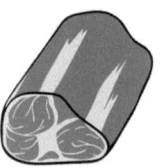

гӯшт

go'sht

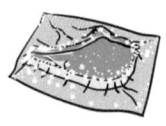

хӯроки яхбаста

muzlatilgan taomlar

лимҳои борик буридаи
гушт
yaxna go'sht

озуқаворӣ
консервонидашуда
konserva

хокаи либосшӯй
kir yuvish vositasi

ширинӣ
shirinliklar

асбоби рӯзгор
kundalik iste'mol taomlari

воситаҳои тозакунанда
yuvish vositalari

фурӯшанда
sotuvchi

касса
kassa

кассир
kassachi

рӯихати харидкунӣ
xarid ro'yxati

соат ифтитоҳи
ish vaqti

ҳамён
hamyon

корти кредитӣ
omonat karta

ҷузбо
xalta

пакет
tsellofan xalta

супермаркет - supermarket

нӯшокиҳои
ichimliklar

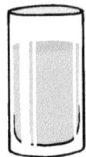

об
suv

шарбат
sharbat

шир
sut

кола
koka-kola

шароб
vino

оби ҷав
pivo

машрубот
spirtli ichimlik

какао
kakao

чой
choy

қаҳва
kofe

эспрессо
espresso

каппучино
kapuchino

таъом
taom

банан
banan

себ
olmaxon

норанҷӣ
apelsin

харбуза
qovun

лимӯ
limon

сабзӣ
sabzi

сир
sarimsoq

бамбук
bambuk

пиёз
piyoz

занбӯруғ
qo'ziqorin

чормағз
yong'oq

угро
lag'mon

спагеттӣ
spagetti

биринҷ
guruch

салат
salat

картошкаи қоқак
kartoshka-fri

картошкабирён
qovurilgan kartoshka

Pizza
pitstsa

гамбургер
gamburger

бутербурод
sendvich

шнитсел
toʻqmoqlangan toʻsh qiymasi

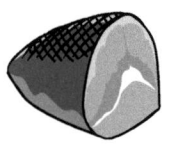

гӯшти намакардаи хук
dudlangan choʻchqa goʻshti

ҳасиби салямӣ
salyami kolbasasi

ҳасиб
sosiska

мурғ
tovuq goʻshti

кабоб
qovurilgan

моҳӣ
baliq

24 таъом - taom

ярмаи ҷав	омехтаи ғалладонагӣ	ярмаи ҷуворимакка
suli bo'tqasi	myusli	makkajo'xori yormasi

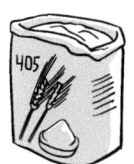  

орд	кулчақанд	кулчақанд
un	frantsuz bulochkasi	bulochka

нон	як порча нони бирён	кулчачаҳои қандин
non	qizartirilgan non burdasi	pishiriq

  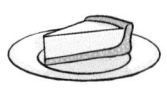

маска	творог	пирог
sariyog'	tvorog	pirog

 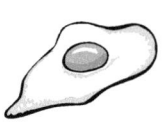 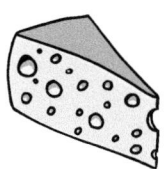

тухм	тухм бирён	панир
tuxum	qovurilgan tuxum	pishloq

таъом - taom

яхмос
muzqaymoq

шакар
shakar

асал
asal

мураббо
murabbo

хамираи ҳалво
shokolad pastasi

Curry
zarchava

таъом - taom

ферма
chorvachilik xoʻjaligi

хонаи деҳот / dehqon uyi
анборхона / pichanxona
тойи коҳ / poxol tuguni
дашт / dala
асп / ot
ядак / tirkama
тойча / qulun
трактор / traktor
хар / eshak
гӯсфанд / qoʻy
баррача / qoʻzi

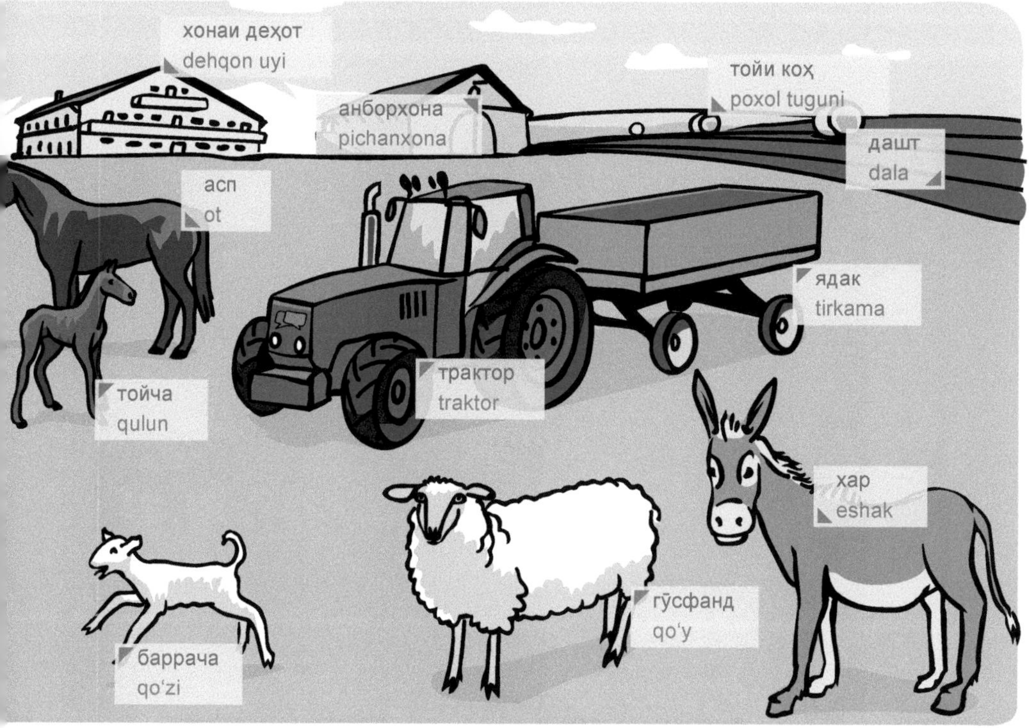

буз
echki

гов
sigir

гӯсола
buzoq

хук
choʻchqa

хукча
choʻchqa bolasi

буққа
buqa

ферма - chorvachilik xoʻjaligi

қоз

g'oz

мурғобӣ

o'rdak

чӯча

jo'ja

мурғ

tovuq

хурӯс

xo'roz

каламуш

kalamush

гурба

mushuk

муш

sichqon

барзагов

ho'kiz

саг

it

хоначаи саг

katalak

рӯдаи резинӣ

hovli bog' shlangi

камобӣ метавонад

gulchelak

дос

belo'roq

сипори шудгоркунии замин

temir omoch

28   ферма - chorvachilik xo'jaligi

доси
qo'lo'roq

каланд
chopqi

панҷшоха
panshaxa

табар
bolta

ароба
g'altakarava

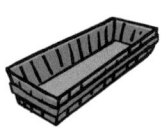
охур
oxur

зарфи ширгирӣ
sut bidoni

халта
to'rva

девор
panjara

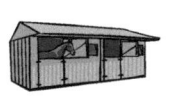
мӯътадил
og'ilxona

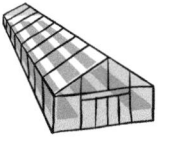
гармхона
issiqxona

хок
tuproq

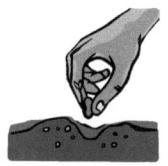
тухмӣ
urug'

нуриҳо
o'g'it

комбайни ғаллағундорӣ
kombayn

ферма - chorvachilik xo'jaligi

ҳосил
hosil olmoq

ҳосил
yig'im-terim

yams
yams

гандум
bug'doy

лубиж
soya

картошка
kartoshka

ҷуворӣ
makkajo'xori

донаи маъсар
raps urug'i

дарахти мева
mevali daraxt

manioc
maniok

ғалладона
yorma

хона
uy

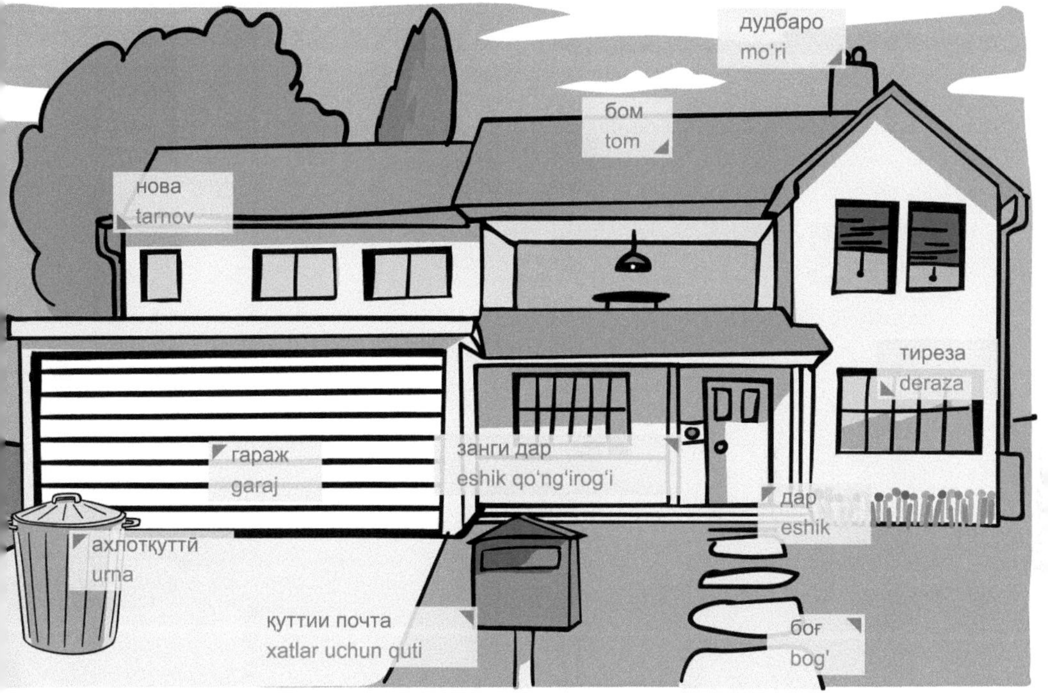

дудбаро / mo'ri
бом / tom
нова / tarnov
тиреза / deraza
гараж / garaj
занги дар / eshik qo'ng'irog'i
дар / eshik
ахлоткуттӣ / urna
қуттии почта / xatlar uchun quti
боғ / bog'

мехмонхона
mehmonxona

ҳамом
vannaxona

ошхона
oshxona

хонаи хоб
yotoqxona

ҳуҷраи кӯдакона
bolalar xonasi

ошхона
oshxona

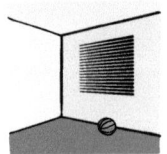

ошёна
pol

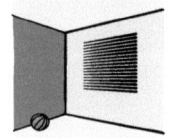

девор
devor

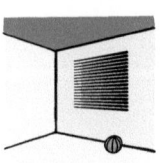

шифт
ship

тагзаминӣ
podval

сауна
sauna

балкон
balkon

суфача
ayvon

ҳавз
basseyn

мошини алафдарав
oʻt oʻrgich mashina

варақ
koʻrpajild

кампал
choyshab

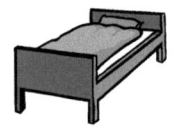

кат
krovat

ҷорӯб
supurgi

сатил
paqir

калид
murvat

меҳмонхона
mehmonxona

- расм / surat
- зардеворӣ / gulqog'oz
- лампа / chiroq
- рафи китобмонӣ / tokcha
- ҷевони зарфҳо / javon
- телевизор / televizor
- оташдон / o'chog'
- гул / gul
- болишт / yostiq
- гулдон / guldon
- диван / divan
- пулт / masofadan boshqarish pulti

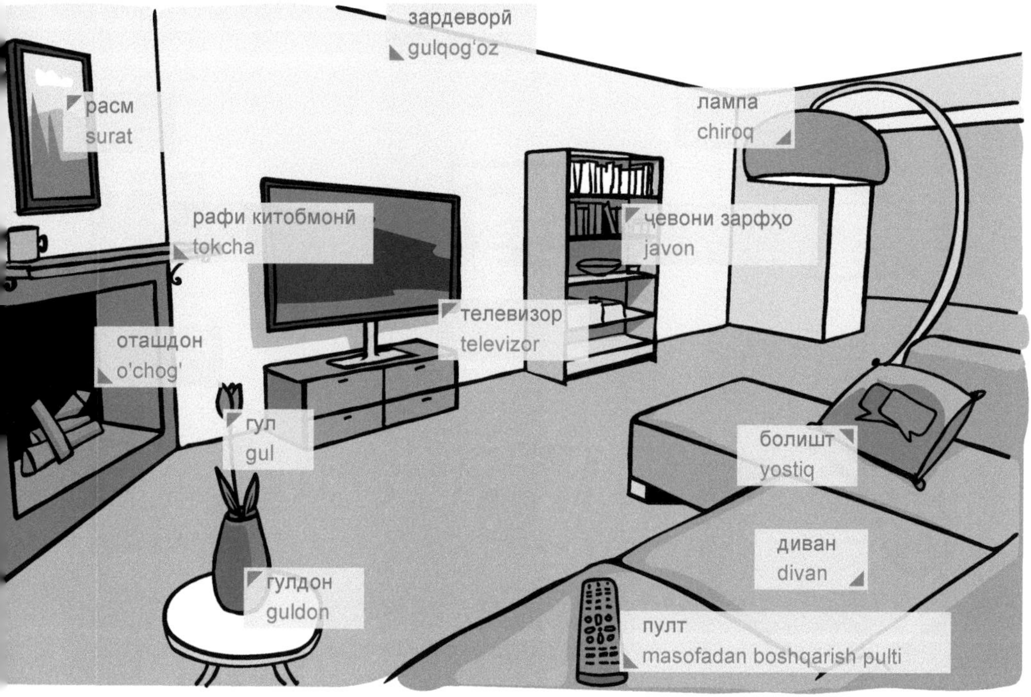

қолин
gilam

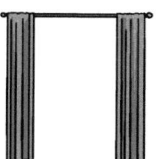

парда
parda

мизи
stol

курсӣ
stul

rocking кафедраи
tebranma kursi

курсӣ
kreslo

китоб
kitob

курпа
ko'rpa

ороиш
hasham

ҳезум
o'tin

филм
kino

дастгоҳи hi-fi
stereo qurilma

калид
kalit

рӯзнома
gazeta

расм
rasm

эълон
plakat

радио
radio

китобчаи қайдҳо
yon daftar

чангкашак
chang yutgich

кактус
kaktus

шам
sham

меҳмонхона - mehmonxona

ошхона
oshxona

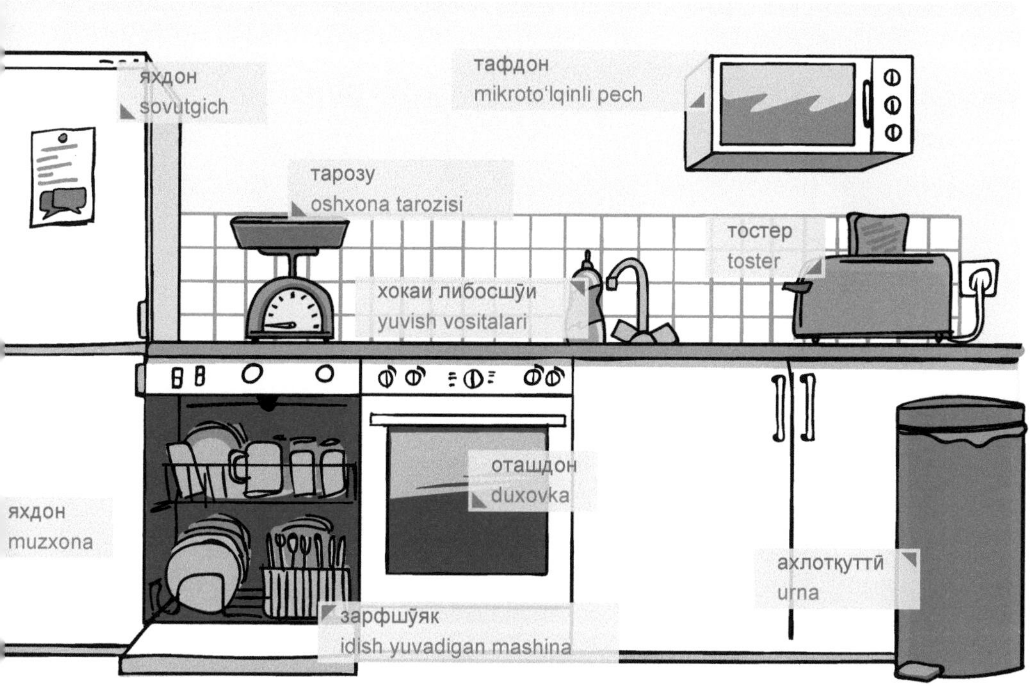

- яхдон — sovutgich
- тафдон — mikroto'lqinli pech
- тарозу — oshxona tarozisi
- тостер — toster
- хокаи либосшӯи — yuvish vositalari
- отащдон — duxovka
- яхдон — muzxona
- ахлоткуттӣ — urna
- зарфшӯяк — idish yuvadigan mashina

плита
plita

тубак
kastryul

дег
cho'yan qozon

дег / кадй
bo'rtma tubli tova

тоба
tova

чойник
chovgun

steamer

mantiqasqon

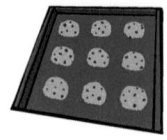

лист

tunuka tova

зарф

chinni idish

кружка

krushka

коса

kosa

чубаки хурокхӯрӣ

taom yeyish tayoqchalari

кафлези

cho'mich

кафлези ҳамвор

kurakcha

whisk

ko'pirtirgich

strainer

chovli

элак

elak

турбтарошак

qirg'ich

миномет

hovoncha

Кабоб Кардан

gril

оташ кушод

olov

ошхона - oshxona

тахтаи резакунӣ

oshtaxta

чӯба

juva

пӯккашак

parmasimon tiqin ochgich

банка

konserva

консервокушояк

konserva ochgich

дастак

tutgich

дастшӯяк

unitaz

чӯтка

idish cho'tka

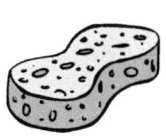

исфанҷ

qozonsochiq

блендер

qorishtirgich

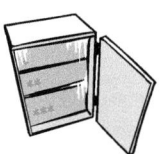

сармодон

muzlatgich

шишача

so'rg'ichli chaqaloq butilkasi

ҷумак

kran

ошхона - oshxona

ҳамом
vannaxona

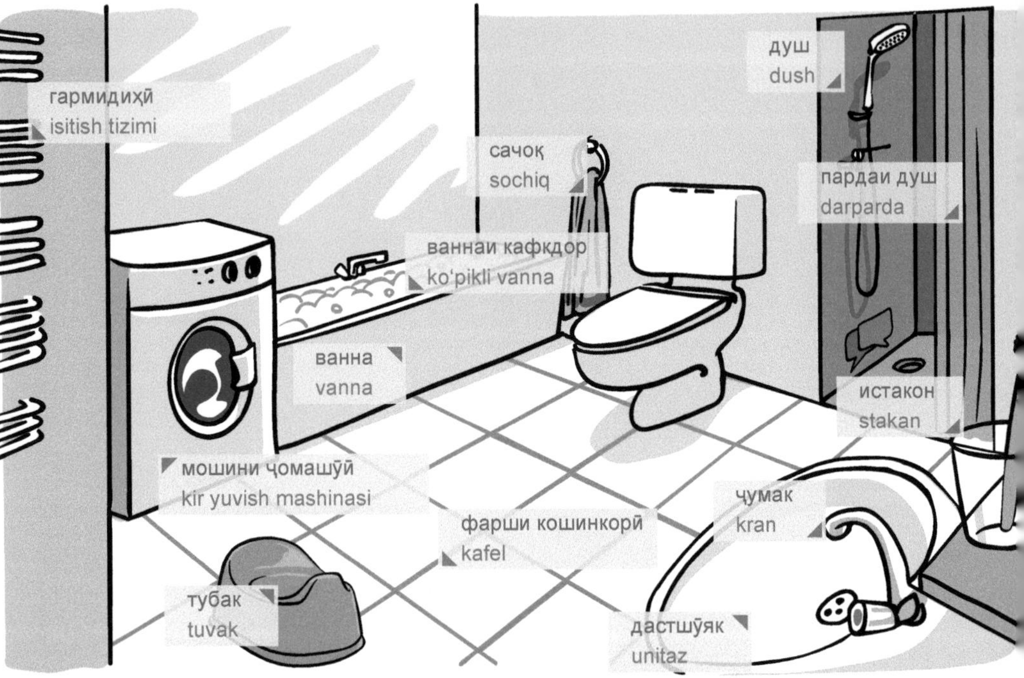

- душ / dush
- гармидиҳӣ / isitish tizimi
- сачоқ / sochiq
- ваннаи кафкдор / ko'pikli vanna
- пардаи душ / darparda
- ванна / vanna
- истакон / stakan
- мошини ҷомашӯй / kir yuvish mashinasi
- чумак / kran
- фарши кошинкорӣ / kafel
- тубак / tuvak
- дастшӯяк / unitaz

ҳоҷатхона
hojatxona

нишастгоҳи халоҷои рӯйфаршӣ
polga o'rnatiladigan unitaz

биде
tahoratdon

ҳоҷатхонаи мардона
siydik unitazi

коғази ташноб
hojatxona qog'ozi

чӯткаи ҳоҷатхона
hojatxona cho'tkasi

дандоншӯяк

tish cho'tka

хамираи дандоншӯи

tish pastasi

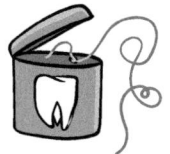

риштаи дандонтозакунӣ

tish tozalagich ip

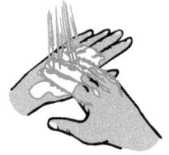

шӯстан

yuvmoq

души дастӣ

dastakli dush

обшӯй

tahorat uchun dush

ҳавза

tog'ora

шона кардани мӯй

yelka qashlaydigan cho'tka

собун

sovun

гел барои душ

dush uchun gel

шампун

shampun

бумазӣ

mochalka

заҳкаш

quvur

крем

krem

дезодорант

dezodorant

ҳамом - vannaxona

оина

ku'zgu

оинаи дастӣ

qo'l ku'zgusi

риштарошаки барқи

ustara

кафк барои риштарошӣ

ustara uchun ko'pik

оби мушкини баъди риштарошӣ

salqinlantiruvchi balzam

шона

taroq

чӯтка

cho'tka

мӯйхушкунак

fen

лак барои мӯй

soch uchun lak

косметика

pardoz-andoz

лабсурхкунак

lab uchun pomada

лок барои нохун

tirnoq laki

пахта

paxta

қайчии нохунгирӣ

tirnoq qaychisi

атриёт

atir

ҳамом - vannaxona

ҷузвдони косметики

pardoz-andoz xaltasi

қазои ҳоҷат

kursi

тарозу

tarozi

хилъат

cho'milish xalati

дастпӯшак резина

rezina qo'lqop

тампон

tampon

дастмоли санитарӣ

gigiyenik taglik

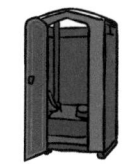

био-ҳоҷатхона

biohojatxona

ҳуҷраи кӯдакона
bolalar xonasi

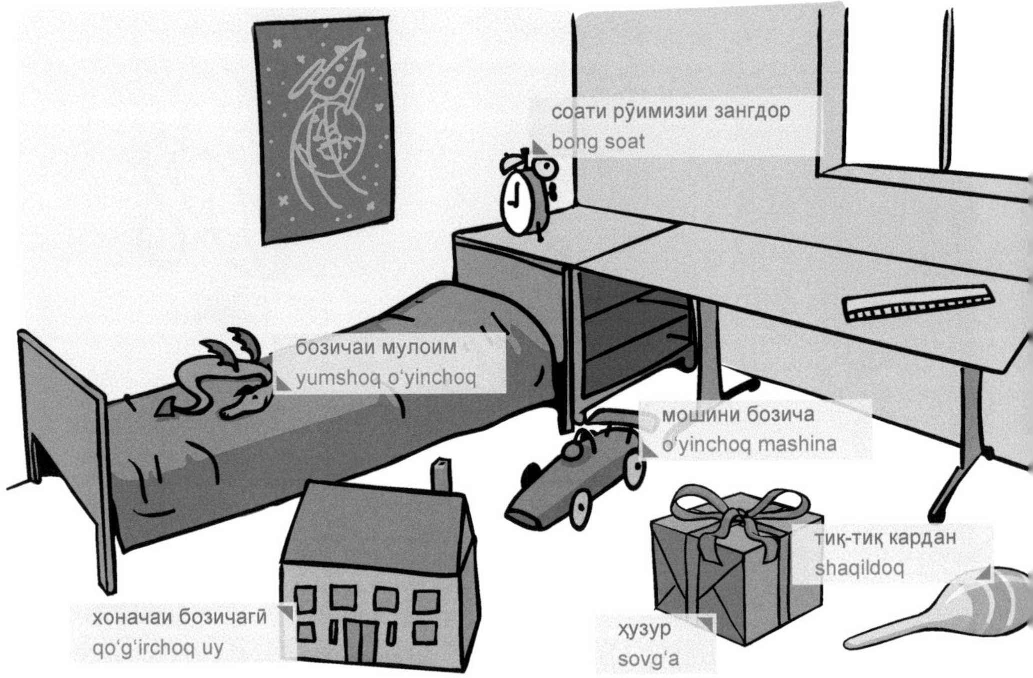

соати рӯимизии зангдор
bong soat
бозичаи мулоим
yumshoq o‘yinchoq
мошини бозича
o‘yinchoq mashina
тиқ-тиқ кардан
shaqildoq
хоначаи бозичагӣ
qo‘g‘irchoq uy
ҳузур
sovg‘a

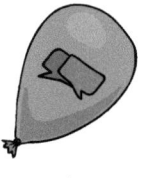

пуфак

shar

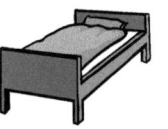

кат

krovat

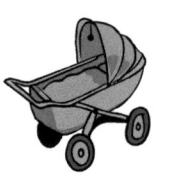

аробочаи кудакона

bolalar aravachasi

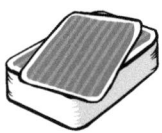

маҷмӯи кортҳо

karta to‘plami

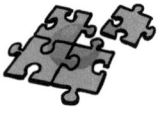

бозии муамоёбӣ

terma tasvir

SUPER MEGA

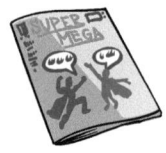

комикс

kulgili sahna asari

хиштҳои лего
lego gʻishtlari

мағозаи бозичафурӯхтан
oʻyinchoq kubiklar

рақам амал
oʻyinchoq qahramon

либоси ғаваккашӣ
polzunka

фрисби
uchar likopcha

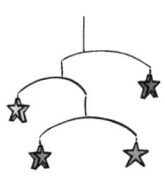

мобилӣ
osma shaqildoq

лавҳачаи бозӣ
stol oʻyini

кубик
oshiq

маҷмӯи модели қатора
poyezd maketi

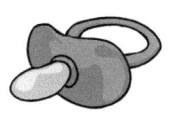

пистонак
soʻrgʻich

ҳизб
oʻtirish

китоби расм
rasmli kitob

тӯб
koptok

лӯхтак
qoʻgʻirchoq

бози кардан
oʻynamoq

ҳуҷраи кӯдакона - bolalar xonasi

қуттии рег
qumdon

арғунчак
arg'imchoq

бозича
o'yinchoqlar

консоли бозиҳои видеой
o'yin pristavkasi

велосипеди сечарха
uch g'ildirakli velosiped

хирсаки бахмалии патдор
baxmal ayiq

чевон
kiyim shkafi

либос
kiyim

чуроб
paypoq

чуроби соқбаланд
chulki

колготки
kolgotka

либос - kiyim

бадан
bodi

шим
ishton

ҷинс
jinsi

юбка
yubka

куртаи нимтаи занона
kofta

курта
koʻylak

свитер
jemper

свитер
uzun chakmon

пиҷак
sport bichimidagi pidjak

нимтана
kurtka

палто
palto

плаш
plash

костюм
libos

куртаи занона
koʻylak

либос тӯйи
kelin koʻylak

либос - kiyim

костюм
kostyum shim

куртаи хоб
tungi koʻylak

пижама
pijama

Сари
sari

рӯймол
sholroʻmol

салла
salla

ниқобу
paranji

кафтан
chakmon

абая
abaya

либоси обозӣ
choʻmilish kostyumi

эзорчаи шиноварии мардона
tursik

шорти
shortik

либоси варзишӣ
sport kostyumi

пешбанд
fartuk

дастпӯшак
qoʻlqop

 тугма tugma	 айнак ko'zoynak	 дастпона bilaguzuk
 гарданбанд munchoq	 ангуштарин uzuk	 гӯшвора sirg'a
 кулоҳ kepka	 либосовезак palto ilgak	 кулоҳ shlyapa
 галстук bo'yinbog'	 занҷирак zamok	 тоскулоҳ dubulg'a
 шимбардор shim tortgich	 либоси мактабӣ maktab formasi	 либоси forma

пешгир

oshxo'rak

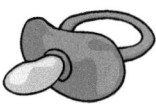

пистонак

so'rg'ich

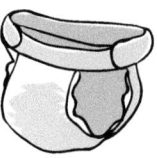

подгузник

taglik

идора
idora

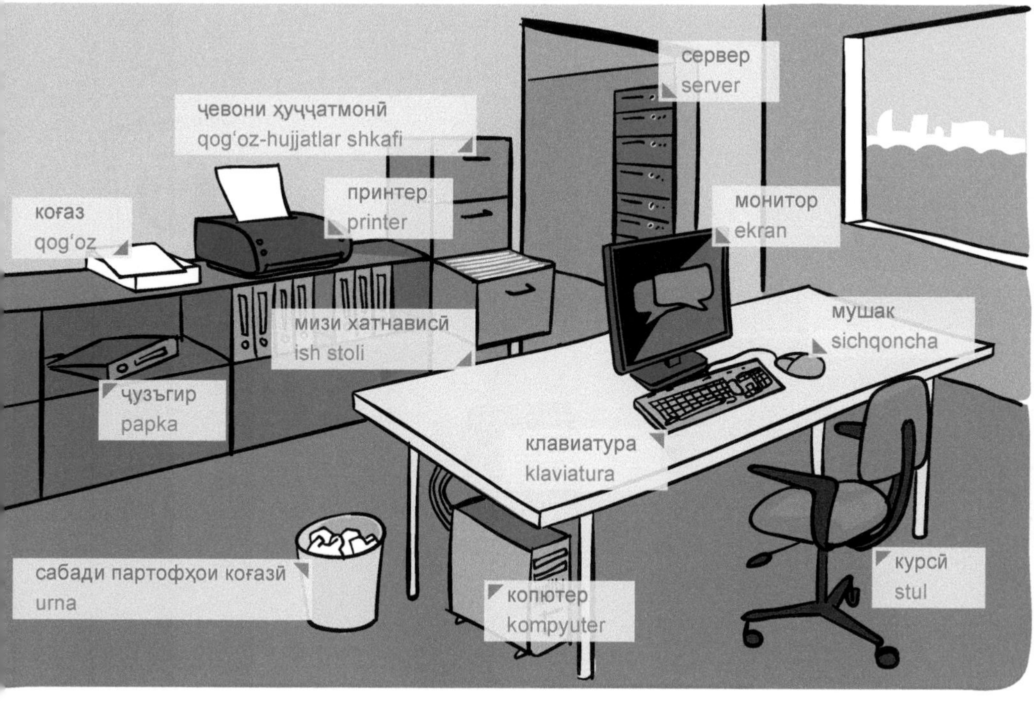

- сервер / server
- чевони ҳуҷҷатмонӣ / qog'oz-hujjatlar shkafi
- принтер / printer
- монитор / ekran
- коғаз / qog'oz
- мизи хатнависӣ / ish stoli
- мушак / sichqoncha
- ҷузъгир / papka
- клавиатура / klaviatura
- сабади партофҳои коғазӣ / urna
- компютер / kompyuter
- курсӣ / stul

кружкаи қаҳванӯшӣ

kofe krujkasi

калкулятор

kalkulyator

интернет

internet

ноутбук
noutbuk

мактуб
xat

хабар
maktub

телефони мобилӣ
uyali telefon

шабака
tarmoq

нусхабардор
nusxa koʻchirgich

нармафзор
dastur

телефон
telefon

розетка
rozetka

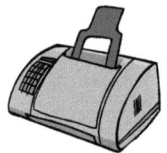
факс
faks

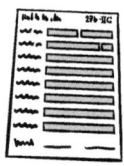
шакл
shakllar

ҳуҷҷат
hujjat

иқтисодиёт
iqtisod

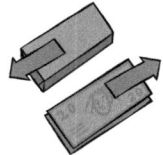

харидан
xarid qilmoq

пардохт
to'lamoq

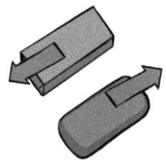

савдо
savdolashmoq

пул
pul

доллар
dollar

евро
yevro

йен
yyen

рубл
rubl

франки швейцариягӣ
shvetsar franki

юан
Jenminbi xitoy yuani

рупй
rupi

нуқтаи нақд
bankomat

нуқтаи мубодилаи асъор

pul ayirboshlash shahobchasi

тилло

oltin

нуқра

kumush

равғани растанӣ

neft

энерги

energiya

нарх

narx

шартнома

shartnoma

андоз

soliq

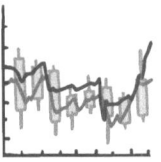

саҳмия

aktsiya

кор

ishlamoq

хизматчӣ

ishchi

соҳибкор

ish beruvchi

завод

zavod

сехи

do'kon

иқтисодиёт - iqtisod

касбҳо
kasblar

- корманди полис — politsiyachi
- сӯхторхомушкун — oʻt oʻchiruvchi
- ошпаз — oshpaz
- духтур — shifokor
- халабон — uchuvchi

боғбон
bogʻbon

чӯбтарош
duradgor

дӯзанда
tikuvchi

судя
hakam

кимиёшинос
kimyogar

актер
aktyor

ронандаи автобус
avtobus haydovchi

таксист
taksi haydovchisi

моҳигир
baliq ovlovchi

фаррошзан
farrosh

устои бомпӯш
tom ustasi

пешхизмат
ofitsiant

шикорчӣ
ovchi

расом
boʻyoqchi

нонвой
nonvoyxona

барқ
elektr ustasi

сохтмончӣ
quruvchi

инженер
muhandis

қассоб
qassob

устои шабакаи об
suvchi chilangar

хаткашон
pochtachi

касбҳо - kasblar

сарбоз
askar

меъмор
me'mor

кассир
kassachi

гулфурӯш
gulchi

сартарош
sartarosh

кондуктор
chiptachi

механик
mexanik

капатан
kapitan

духтури дандон
tish shifokori

олим
olim

хохом
yaxudiylar ruhoniysi

имом
imom

шайх
rohib

саркоҳин
ruhiniy

асбобҳо
asboblar

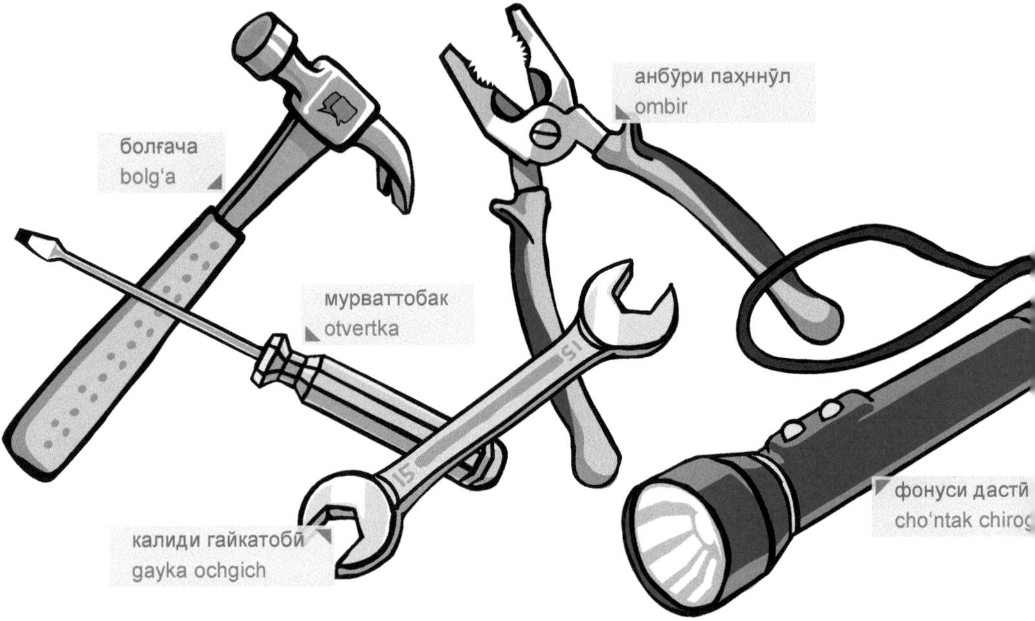

болғача
bolg'a

анбӯри паҳннӯл
ombir

мурваттобак
otvertka

калиди гайкатобӣ
gayka ochgich

фонуси дастӣ
cho'ntak chirog

экскаватор
ekskavator

қутии асбобҳо
asboblar qutisi

зинапоя
narvon

арра
qo'larra

мехҳо
mix

пармаи электрикӣ
parmadasta

таъмир
tuzatmoq

бел
belkurak

Сабил монад!
Jin ursin!

белчаи хокрӯбагирӣ
xokandoz

сатили ранг
bo'yoq idish

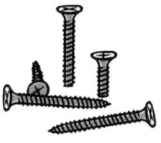
мехи печдор
burama mix

асбобҳои мусиқӣ
musiqa asboblari

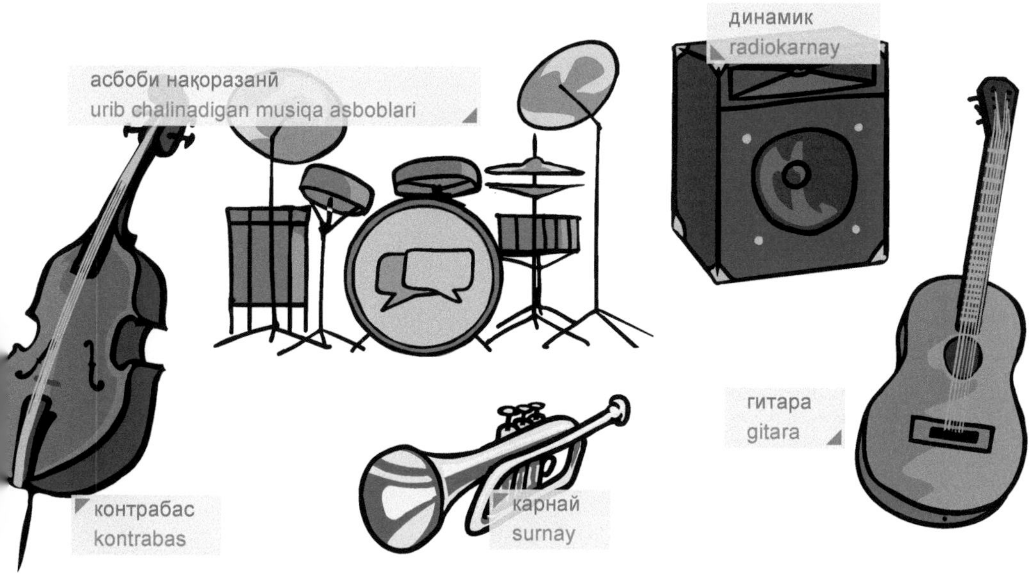

асбоби нақоразанӣ
urib chalinadigan musiqa asboblari

динамик
radiokarnay

гитара
gitara

контрабас
kontrabas

карнай
surnay

пианино
pianino

ғиччак
g'ijjak

бас-гитара
bas-gitara

нақораи поядор
qo'shnog'ora

нақора
do'mbira

клавиатура
klaviatura

саксофон
saksofon

най
nay

баландгӯяд
mikrofon

асбобҳои мусиқӣ - musiqa asboblari

боғи ҳайвонот
hayvonot bog'i

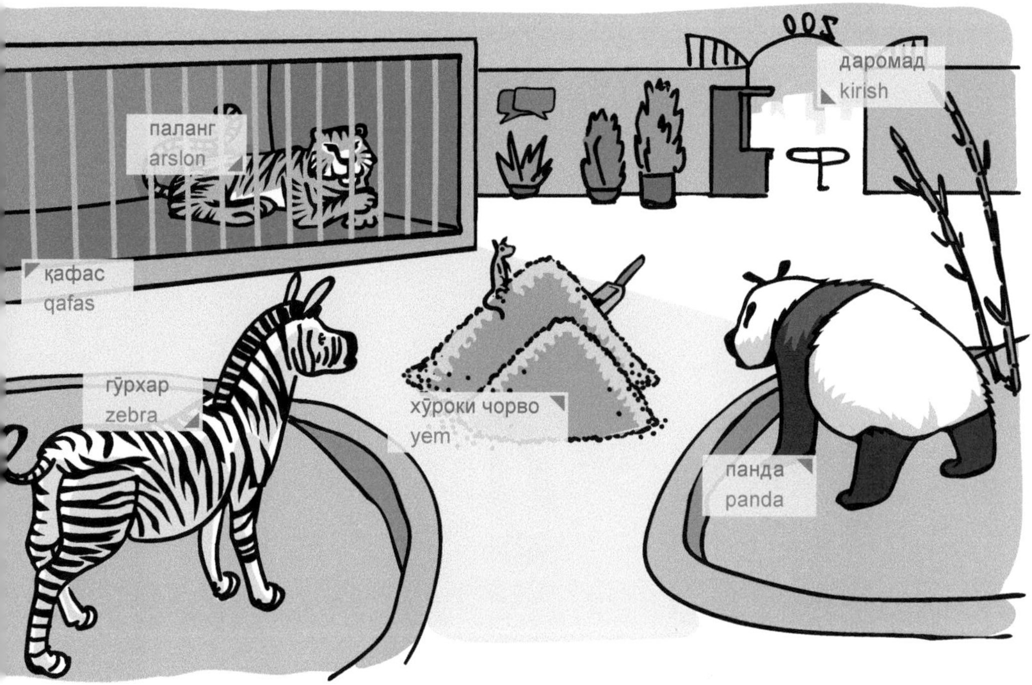

паланг / arslon

даромад / kirish

қафас / qafas

гўрхар / zebra

хўроки чорво / yem

панда / panda

ҳайвонот

hayvonlar

фил

fil

кенгуру

kenguru

каркадан

karkidon

горилла

gorilla

хирси бўр

ayiq

шутур
tuya

шутурмурғ
tuyaqush

шер
sher

маймун
maymun

бутимор
qizil g'oz

тӯти
to'ti

хирси сафед
oq ayiq

пингвин
pingvin

наҳанг
akula

товус
tovus

мор
ilon

тимсоҳ
timsoh

посбон
hayvonot bog'i qorovuli

сил
tyulen

ягуар
yaguar

боғи ҳайвонот - hayvonot bog'i

аспи кӯтоҳқад

toʻpichoq ot

леопард

qoplon

баҳмут

begemot

заррофа

jirafa

уқоб

burgut

хуки ваҳшӣ

erkak choʻchqa

моҳӣ

baliq

сангпушт

toshbaqa

морж

morj

рӯбоҳ

tulki

ғизол/оҳу

ohu

боғи ҳайвонот - hayvonot bogʻi

варзиш
sport oʻyinlari

футболи америкои / amerika futboli
велосипедронӣ югуриш / yugurish
теннис / tennis
баскетбол / basketbol
шиноварӣ / suzish
бокс / boks
хоккей / muz xokkeyi

футбол / futbol
бадмингтон / badminton
атлетика / yengil atletika
гандбол / qoʻltoʻpi
лижаронӣ / changʻi uchish
тӯббозӣ бо асп / polo

фаъолият
mashgʻulot

паридан — sakramoq
оғӯш гирифтан — quchmoq
ханда — kulmoq
шеър хондан — kuylamoq
пиёда рафтан — yurmoq
ибодат кардан — ibodat qilmoq
бӯса кардан — oʻpmoq
орзӯ кардан — hayol qilmoq

навиштан
yozmoq

кашидан
chizmoq

нишон додан
koʻrsatmoq

тела додан
itarmoq

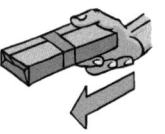

додан
bermoq

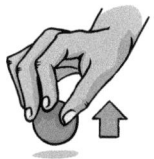

гирифтан
olmoq

доранд

ega bo'lmoq

кор

bajarmoq

бошад

bo'lmoq

истодан

turmoq

давидан

yugurmoq

кашидан

tortmoq

партофтан

uloqtirmoq

афтидан

yiqilmoq

дароз кашидан

aldamoq

интизор шудан

kutmoq

бардошта бурдан

tashimoq

нишастан

o'tirmoq

либос пӯшидан

kiyinmoq

хобин

uxlamoq

бедор шудан

uyg'onmoq

фаъолият - mashg'ulot

нигоҳ кардан

qaramoq

гиря кардан

yig'lamoq

сила кардан

zarba bermoq

шона

taramoq

гап задан

gaplashmoq

фаҳмидан

tushunmoq

пурсидан

so'ramoq

гӯш кардан

tinglamoq

нӯштдан

ichmoq

хӯрдан

yemoq

ғундоштан

yig'ishtirmoq

ишқ

sevmoq

ошпаз

pishirmoq

рондан

haydamoq

парвоз кардан

uchmoq

фаъолият - mashg'ulot

бо бодбон ҳаракат кардан

kemada suzmoq

ҳисоб кардан

sanamoq

хондан

o'qimoq

омӯхтан

o'rganmoq

кор

ishlamoq

оиладор шудан

turmush qurmoq

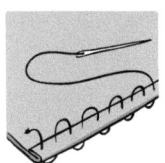

дӯхтан

tikmoq

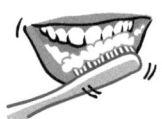

дадон шӯстан

tish yuvmoq

куштан

o'ldirmoq

дуд

chekmoq

фиристодан

yo'llamoq

оила
oila

биби / buvi
бобо / buva
падар / ota
модар / ona
кўдак / chaqaloq
хоҳар / qiz
писар / oʻgʻil

меҳмон
mehmon

хола
amma

амак
togʻa

бародар
aka

хоҳар
opa

бадан
tana

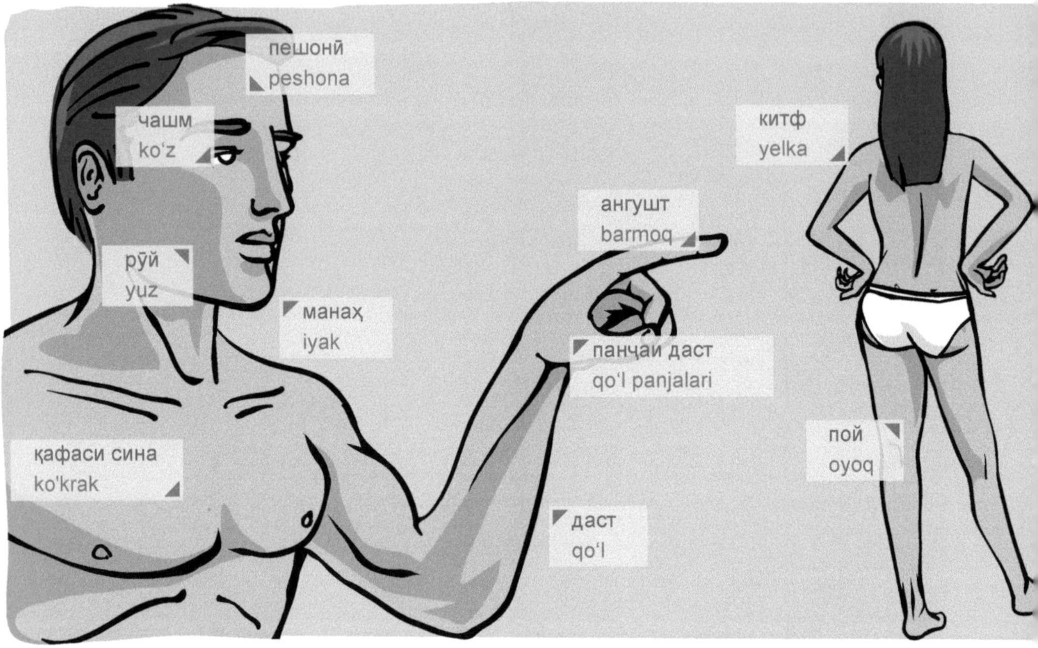

пешонӣ / peshona
чашм / ko'z
рӯй / yuz
манаҳ / iyak
қафаси сина / ko'krak
ангушт / barmoq
панҷаи даст / qo'l panjalari
даст / qo'l
китф / yelka
пой / oyoq

кӯдак
chaqaloq

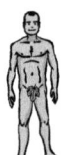

мард
odam

зан
ayol

духтар
qiz bola

писар
o'g'il bola

сар
bosh

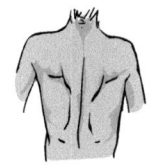

пушт
orqa

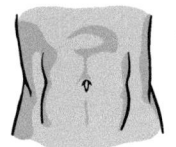

шикам
qorin

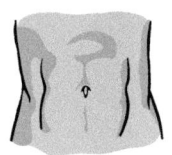

ноф
kindik

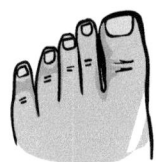

ангушти пой
oyoq barmoqlari

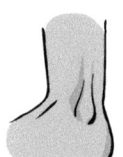

пошнаи пой
tovon

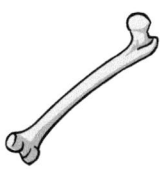

устухон
suyak

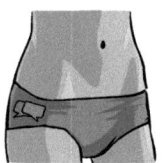

рон
bel

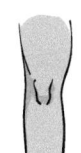

зону
tizza

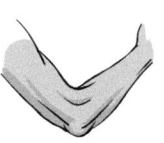

оринҷ
tirsak

бинӣ
burun

таг
dumba

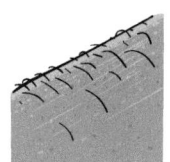

пӯст
teri

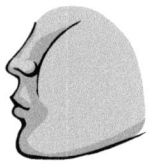

рухсора
yanoq

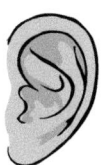

гӯш
quloq

лаб
lab

даҳон

og'iz

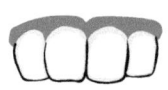

дадон

tish

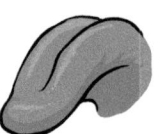

забон

til

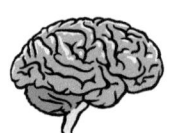

майнаи сар

miya

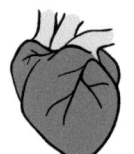

дил

yurak

мушак

mushak

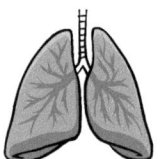

шуш

o'pka

ҷигар

jigar

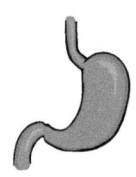

меъда

oshqozon

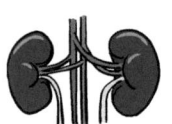

гурдаҳо

buyrak

алоқаи ҷинсӣ

jinsiy aloqa

рифола

prezervativ

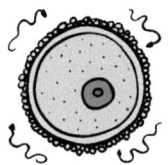

тухмҳуҷайра

tuxum ho'jayra

нутфа

urug'

ҳомиладорӣ

homiladorlik

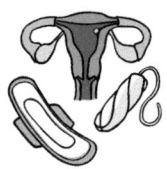  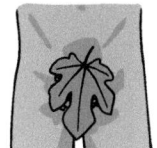

ҳайз	маҳбал	кер
hayz	bachadon	olat

  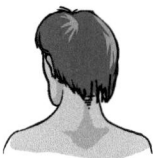

абрӯ	мӯй	гардан
qosh	soch	boʻyin

бадан - tana

бемористон
shifoxona

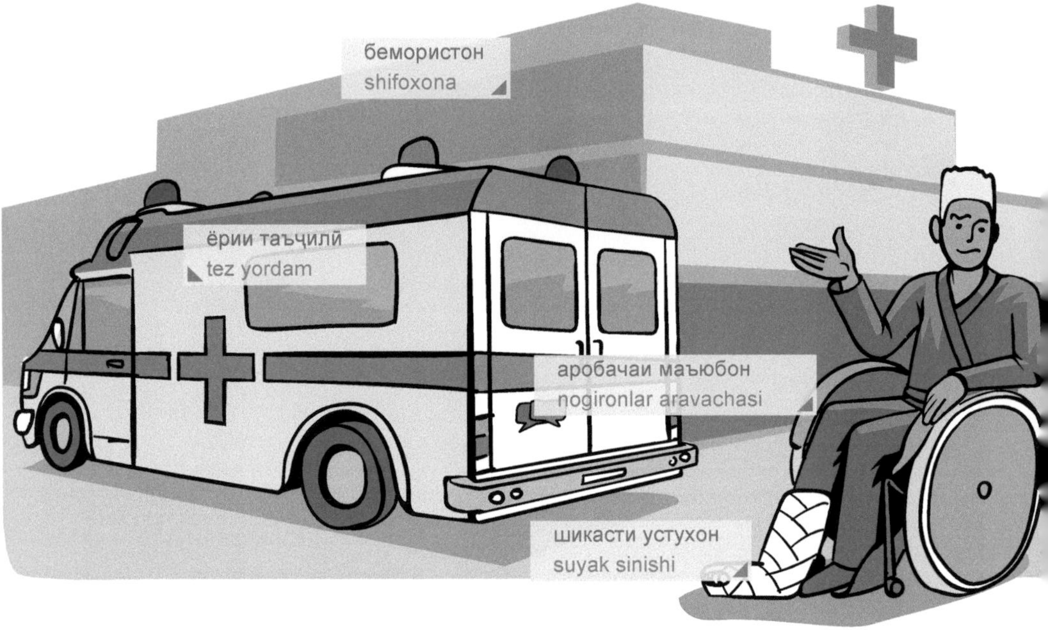

бемористон
shifoxona

ёрии таъҷилӣ
tez yordam

аробачаи маъюбон
nogironlar aravachasi

шикасти устухон
suyak sinishi

духтур
shifokor

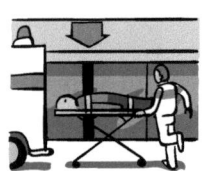

ҳуҷраи ёрии фаврӣ
Shoshilich tibbiy yordam ko'rsatish bo'limi

ҳамшираи тиббӣ
hamshira

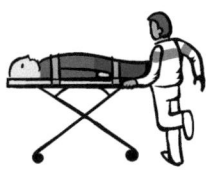

ҳолати фавкулодда
tez yordam

беҳуш
hushsizlik

дард
og'riq

чароҳат
jarohat

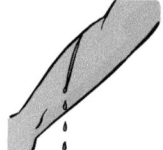

хунравӣ
qonash

дилзанак
yurak xuruji

сактаи майна
insulьt

аллергия
allergiya

сулфа
yo'tal

табларза
isitma

грипп
tumov

шикамравӣ
ichburug'

сардард
bosh og'rig'i

саратон
saraton kasalligi

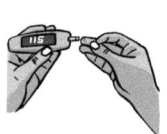

диабет
qandli diabet

ҷарроҳ
jarroh

скалпел
jarroh pichog'i

ҷарроҳӣ
jarrohlik amaliyoti

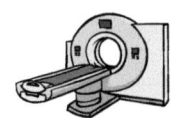
Томографияи компютерӣ
tomografiya

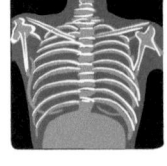
шӯъои ренгенӣ
rentgen

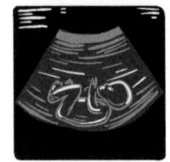
ултрасадо
ultratovush tekshiruvi

ниқоби рӯй
yuz niqobi

беморӣ
kasallik

ҳуҷраи интизорӣ
qabulxona

асобағал
qo'ltiqtayoq

марҳам
malhamli plastir

дока
bint

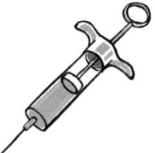
сӯзандору
ukol

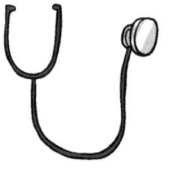
стетоскоп
yurak urushini va o'pkani
eshitib ko'radigan asbob

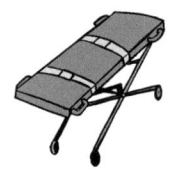
занбар
bemorlar uchun zambil

ҳароратсанҷ
termometr

таваллуд
tug'ruq

вазни зиёдатӣ
semizlik

бемористон - shifoxona

таҷҳизоти шунавой
eshitish moslamasi

моддаи безараргардонӣ
dezinfektsiyalovchi vosita

инфексия
infektsiya

вирус
virus

ВИЧ / СПИД
OIV / OITS

дору
dori

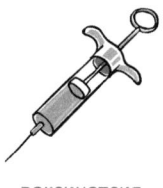
ваксинатсия
emlash

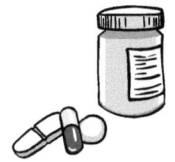
ҳабҳо
tabletka

ҳаб
dori

занги изтирорӣ
tez yordam qo'ng'irog'i

монитори фишори хун
qon bosimini o'lchash asbobi

бемор/солим
kasal / sog'lom

бемористон - shifoxona

ҳолати фавқулодда
tez yordam

Кумак!
Yordamga!

ҳушдор
xavf-xatar ishorasi

ҳучум
tajovuz

ҳамла
hujum

хатар
xavf

баромадгоҳи таҳлиявӣ
favqulodda holatlarda chiqish eshigi

Сўхтор!
Yong'in

оташнишон
o't o'chirgich

садама
falokat

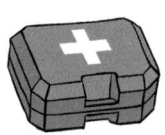

дорукуттӣ
birinchi tibbiy yordam to'plami

бонги хатар
falokat signali

полис
politsiya

замин
yer

Аврупо
Yevropa

Америкаи Шимолӣ
Shimoliy Amerika

Америкаи Ҷанубӣ
Janubiy Amerika

Африка
Afrika

Осиё
Osiyo

Австралия
Avstraliya

Уқёнуси Атлантик
Anlantika okeani

Уқёнуси Ором
Tinch okeani

Уқёнуси Ҳинд
Hind okeani

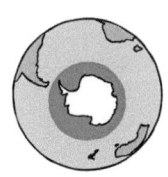

Уқёнуси Антарктика
Antarktida okeani

Уқёнуси Арктика
Arktika okeani

Қутби шимол
Shimoliy qutb

Қутби ҷануб

Janubiy qutb

Антарктика

Antarktika

замин

yer

замин

o'lka

баҳр

dengiz

ҷазира

orol

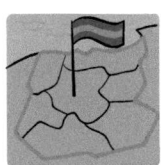

миллат

millat

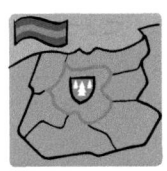

давлат

davlat

вақт
soat

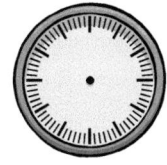  

сиферблат — ақрабаки соат — ақрабаки дақиқашумор
astronomik vaqt koʻrsatgichi — soat mili — daqiqa mili

  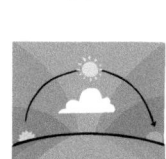

ақрабаки сонияшумор — Соат чанд? — рӯз
lahza mili — Soat necha? — kun

замон — ҳозир — соати электронӣ
vaqt — hozir — raqamli soat

лаҳза — соат
daqiqa — soat

ҳафта
xafta

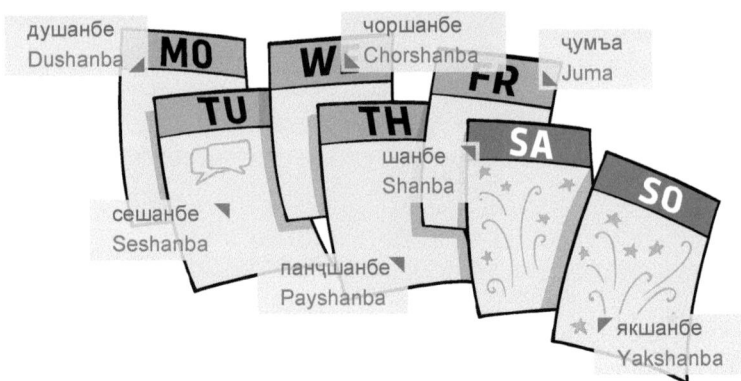

душанбе / Dushanba
чоршанбе / Chorshanba
ҷумъа / Juma
сешанбе / Seshanba
шанбе / Shanba
панҷшанбе / Payshanba
якшанбе / Yakshanba

дирӯз
kecha

имрӯз
bugun

фардо
ertaga

пагоҳирӯзӣ
ertalab

нимрӯз
peshin

шом
kechqurun

рӯзҳои корӣ
ish kunlari

истироҳат
dam olish kunlari

сол
yil

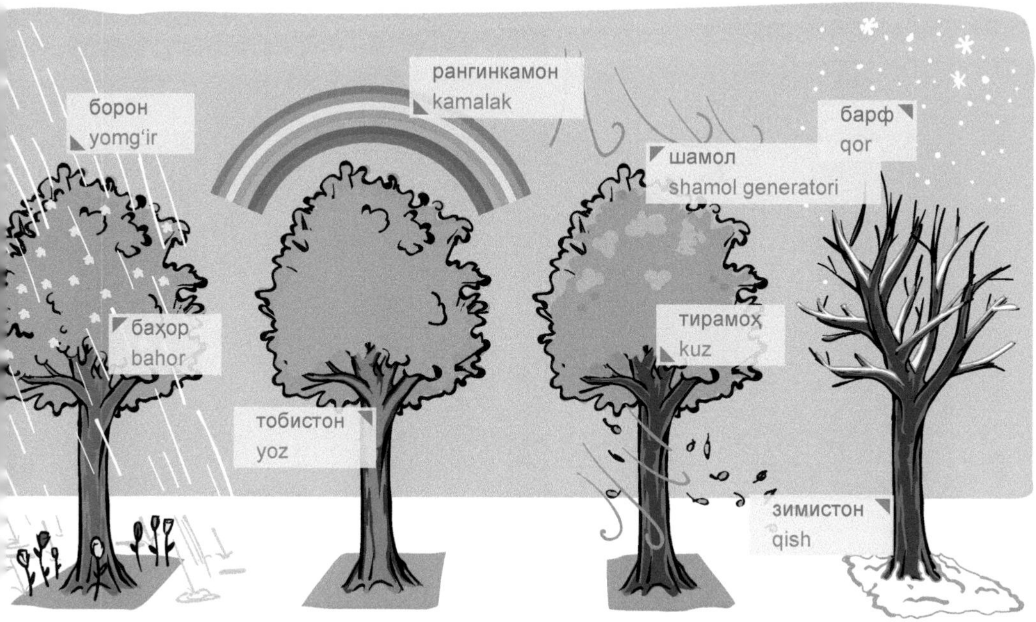

борон
yomg'ir
рангинкамон
kamalak
барф
qor
шамол
shamol generatori
баҳор
bahor
тирамоҳ
kuz
тобистон
yoz
зимистон
qish

4.APRIL 11°
5.APRIL 4°
6.APRIL 13°
7.APRIL 8°
8.APRIL 10°

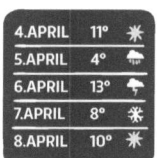

Обу ҳаво
ob-havo ma'lumoti

F C
120 40
90 30
60 20
30 10
0 0
-30 -10
-20

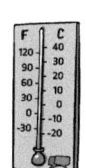

ҳароратсанҷ
termometr

равшании офтоб
quyoshli

абр
bulut

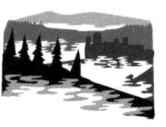

туман
tuman

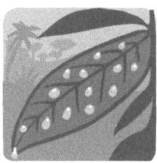

намнок
namgarchilik

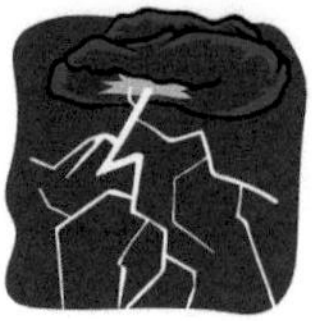

барқ

chaqmoq

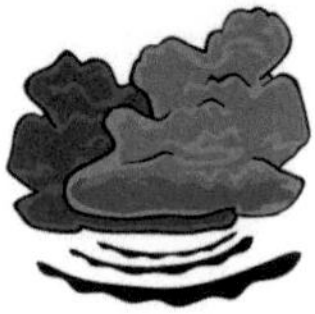

тундар

momoqaldiroq

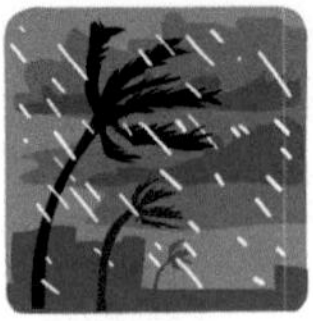

тӯфон

bo‘ron

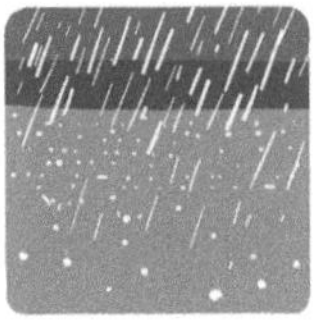

жола

do‘l

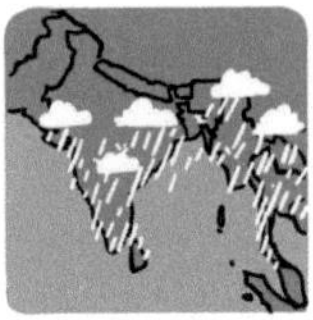

муссон

namgarchilik mavsumi

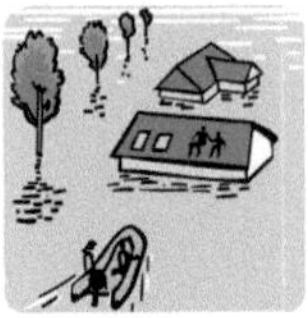

обхезӣ

toshqin

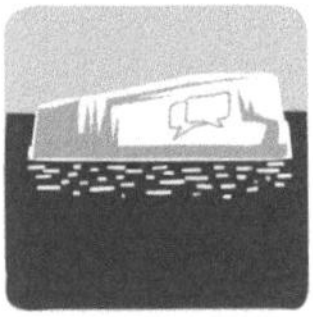

ях

muz

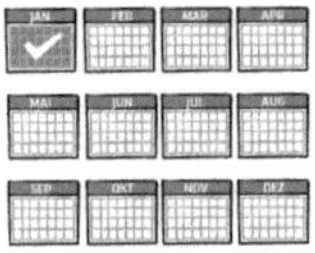

январ

Yanvar

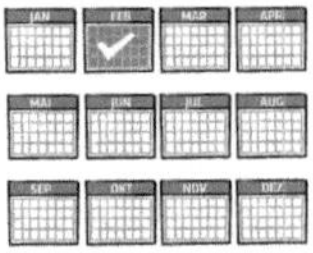

феврал

Fevral

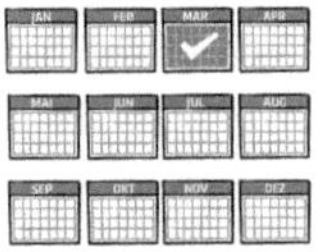

март

Mart

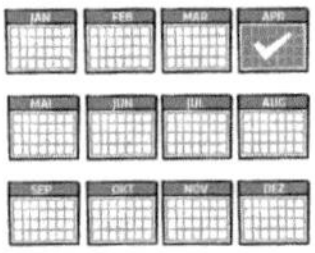

апрел

Aprel

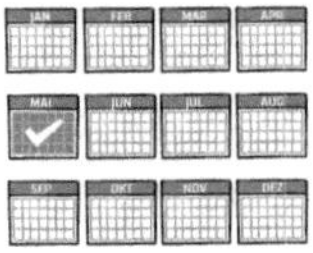

май

May

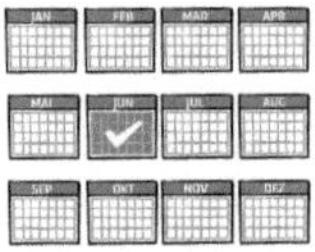

июн

Iyun

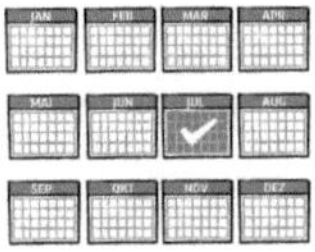

июл

Iyul

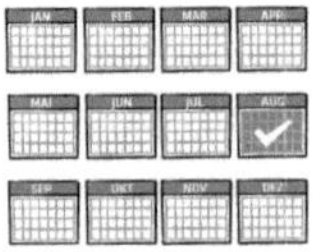

август

Avgust

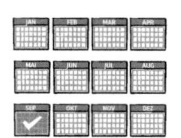

сентябр

Sentyabr

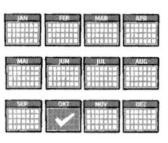

октябр

Oktyabr

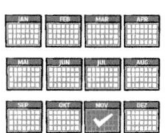

ноябр

Noyabr

декабр

Dekabr

баст
shakllar

давра

aylana

мураббаъ

kvadrat

росткунья

to'rtburchak

секунья

uchburchak

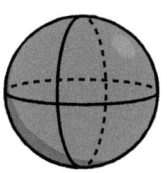

соњаи

doira

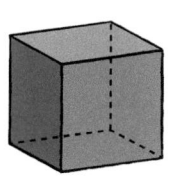

мукааб

kub

баст - shakllar

рангҳо
ranglar

гулобӣ
oq

хокистаранг
sariq

зард
sabzi rang

бунафшранг
pushti

сурх
qizil

қаҳваранг
to'q qizil

кабуд
ko'k

сиёҳ
yashil

кабуд
jigar rang

сафед
kul rang

сабз
qora

мухолифат
qarama-qarshi ma'noli so'zlar

бисёр/кам

ko'p / oz

хашмгин / ором

g'azabli / xotirjam

зебо/безеб

go'zal / xunuk

оғози / охири

boshi / oxiri

калон/хурд

katta / kichik

дурахшон / торик

yorug' / qorong'u

бародари / хоҳар

aka / singil

тоза/чиркин

toza / iflos

пурра / нопурра

to'liq / chala

рӯзи / шаб

kun / tun

мурдагон / зинда

o'lik / tirik

кушод/танг

keng / tor

хӯрданӣ /
хӯрданашаванда
yesa bo'ladigan / yesa
bo'lmaydigan

бад/нек

yovuz / xayrli

ба ҳаяҷон / дилгир

hayajonli / zerikarli

ғавс/борик

semik / oriq

якум/охирин

birinchi / oxirgi

Дӯсти / душмани

do'st / dushman

пур/холӣ

to'la / bo'sh

сахт/мулоим

qattiq / yumshoq

вазнин/сабук

og'ir / yengil

гуруснагӣ / ташнагӣ

ochlik / chanqov

бемор/солим

kasal / sog'lom

ғайриқонунӣ / ҳуқуқӣ

noqonuniy / qonuniy

соҳибақл / беақл

ziyoli / kaltafahm

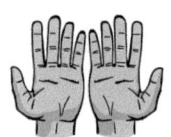

рост/чап

chap / o'ng

наздик/дур

yaqin / uzoq

мухолифат - qarama-qarshi ma'noli so'zlar

нави / истифода бурда мешавад
....
yangi / ishlatilgan

ҳеҷ / чизе
....
hech narsa / bir narsa

пир/ҷавон
....
qari / yosh

оид / хомӯш
....
yoniq / o'chiq

кушода/пӯшида
....
ochiq / yopiq

паст/баланд
....
past / baland

бой/камбағал
....
boy / kambag'al

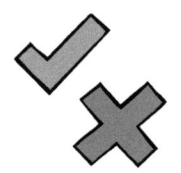

дуруст/нодуруст
....
to'g'ri / noto'g'ri

дурушт/ҳамвор
....
notekis / tekis

ғамгин/хушбахт
....
xafa / xursand

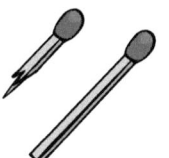

кӯтоҳ/дароз
....
qisqa / uzun

оҳиста/тез
....
sekin / tez

тар/хушк
....
nam / quruq

гарм / сард
....
iliq / salqin

ҷанг / сулҳ
....
urush / tinchlik

мухолифат - qarama-qarshi ma'noli so'zlar

ададхо
raqamlar

0
нол
nol

1
як
bir

2
ду
ikki

3
се
uch

4
чор
toʻrt

5
панҷ
besh

6
шаш
olti

7
ҳафт
yetti

8
ҳашт
sakkiz

9
нӯҳ
toʻqqiz

10
даҳ
oʻn

11
ёздаҳ
oʻn bir

12
дувоздаҳ
o'n ikki

13
сенздаҳ
o'n uch

14
чордаҳ
o'n to'rt

15
понздаҳ
o'n besh

16
шонздаҳ
o'n olti

17
ҳабдаҳ
o'n yetti

18
ҳаждаҳ
o'n sakkiz

19
нуздаҳ
o'n to'qqiz

20
бист
yigirma

100
сад
yuz

1.000
ҳазор
ming

1.000.000
миллион
million

забонҳо
tillar

англисӣ
Ingliz

англисии амрикой
Amerikacha ingliz tili

мандарини хитой
Xitoy tilining Mandarin lahchasi

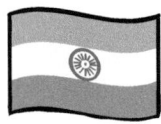

ҳиндӣ
Hind

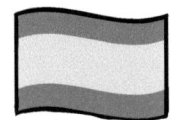

испанӣ
Ispan

фаронсавӣ
Frantsuz

арабӣ
Arab

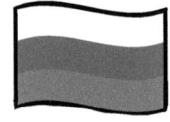

русӣ
Rus

португалӣ
Portugal

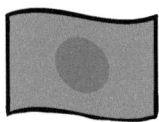

бенгалӣ
Bengal

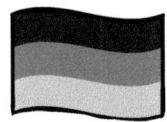

олмонӣ
Nemis

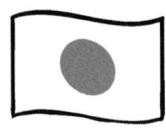

ҷопонӣ
Yapon

ки / чиро / тавр
kim / nima / qanday

ман
Men

шумо
Sen

Ӯ / вай / он
u / u / u

мо
biz

шумо
sizlar

онҳо
ular

ки?
kim?

чй?
nima?

Чй хел?
qanday?

дар куҷо?
qayerda?

кай?
qachon?

ном
ism

дар кучо
qayerda

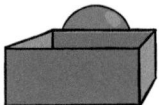

аз паси

orqada

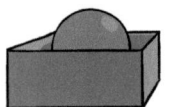

дар

ichida

дар пеши

oldida

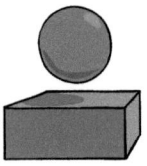

дар болои

uzra

дар рӯи

ustida

дар зери

tagida

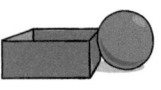

дар назди

yonida

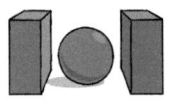

миёни

o'rtasida

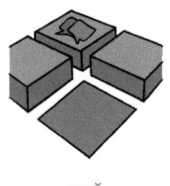

ҷой

joy